Alle Geschöpfe der Erde
fühlen wie wir.
Alle Geschöpfe streben nach Glück wie wir.
Alle Geschöpfe der Erde lieben,
leiden und sterben wie wir, also sind sie uns
gleichgestellte Werke des Schöpfers –
unsere Brüder.

Franz von Assisi

Franz von Assisi

Seine Botschaften

MAGDALENEN

Aus guter Familie

Der als **Francesco Giovanni di Pietro Bernadone** [1181–1226] geborene Heilige hatte nicht den üblichen Lebensweg vieler Visionäre. Er kam aus begütertem Elternhaus, wuchs sorglos auf, und die Liebe seiner Mutter zu französischer Epik brachte ihn wohl auch zu dem Wunsch, Ritter zu werden. Eine mittelalterliche Karriere eines Vertreters der *jeunesse dorée*, eines jungen Mannes aus begütertem Haus. Als er 1202 in der Schlacht zwischen Assisi und Perugia in Gefangenschaft geriet und erkrankte, muss etwas seine Seele berührt haben. Er kam innerlich ab von seinem kriegerischen Berufswunsch. Ein erster mutiger Schritt des Freidenkers, denn pazifistisches Denken war im Mittelalter eine Seltenheit.

Minerva-Tempel auf dem Hauptplatz von Assisi

Ein erster Schritt

Doch ganz so schnell sollte es mit dem Umschwung nichts werden. 1205 zog er in Apulien erneut in die Schlacht.

Angeblich im Traum sei ihm die *Vision* des gewaltfreien Lebens gekommen. Man nannte es im Mittelalter Vision, heute würde man von Erkenntnis und Lebenswende sprechen. Francesco kehrte in seine Heimatstadt Assisi zurück. Zum Leidwesen seines Vaters, nicht um den elterlichen Betrieb zu übernehmen, sondern um sich der Pflege von Leprakranken zu widmen.

Giotto di Bondone (ca. 1266–1337): Francesco verschenkt seinen Mantel an einen Fremden

Vater und Sohn

Der erfolgsverwöhnte Vater Francescos betrachtete die weltfremde Art des Sohnes mit Argwohn. Francesco verkaufte aus dem elterlichen Betrieb einige Tuchballen, um mit dem Erlös den Wiederaufbau der kleinen Kirche **San Damiano** zu finanzieren. Der Legende nach sperrte ihn der Vater in einen Raum ein und zog später sogar vor Gericht. Die Strafe beeindruckte Francesco nicht, ganz im Gegenteil, er zog sich nackt aus und entsagte dem elterlichen Erbe. Anschließend rannte er nackt aus der Stadt. Viele hielten den Mann für verrückt, seine Bedürfnislosigkeit und sein Wunsch Gutes zu tun, waren damals seltene Lebensentwürfe.

Der Einsiedler

Eine göttliche Bestätigung erhielt Francesco im Jahr 1208, als er in **San Damiano** während einer Messe Stimmen vernahm, die ihm Bedürfnislosigkeit und gute Taten auferlegten. Bis 1209 baute er weitere Kirchen auf und lebte ein Einsiedlerleben. Die Armut wurde zur gewählten Lebensform. Und zum Bekenntnis.

Kapelle Eremo delle Carceri

Menschen begeistern

Mit 12 Gleichgesinnten formte Francesco 1210 einen neuen Orden: Armut, predigen und hilfreiche Taten waren die Säulen der ersten Franziskaner, die bis 1211 in bescheidenen Hütten in **Rivotorto** lebten. Francesco galt als Sonderling, der gleichermaßen mit Tieren, Bäumen und Bedürftigen sprach.

Dennoch waren die meisten Menschen fasziniert von seiner Menschenliebe, seiner Fröhlichkeit und ernsthaften und tiefen Gläubigkeit. Kam er in die Städte, wurden die Glocken geläutet. Er war, wenn man so will, ein Star. Arm, aber beseelt von einem neuen Weltbild.

Altar in der Kapelle Eremo delle Carceri

Scrivi un messaggio d'amore
da donare a tutti
Write a message of love
offer to everyone

Glauben besiegeln

Bei Papst **Innozenz III.** ließ er seine Ordensregeln bestätigen und sich die Erlaubnis zum Laienprediger geben. Das Benediktiner-Kirchlein **Portiuncula**, was so viel bedeutet wie kleines Fleckchen, unterhalb von Assisi, sollte der erste Klostersitz werden. Immer mehr Hütten rundum nahmen die stetig wachsende Zahl von Gefährten auf. 1211 wurde ein weiteres Kloster gegründet: **Le Celle di Cortona**. Die junge Äbtissin **Klara von Assisi** schloss sich dort Francesco an – der Beginn der Schwesternschaft der **Klarissinnen**, des zweiten Ordens der Franziskaner. Diese „Gleichstellung" der Frauen war damals nicht selbstverständlich.

Klostergarten von Le Celle di Cortona

Geschöpfe Gottes

Francesco war vom guten Glauben beseelt. Schöpfung war gleichbedeutend mit guter Gabe. Vielleicht kann man Francesco heute als Optimisten bezeichnen. Am deutlichsten trat dies in seinem Verhältnis zu Tieren zu Tage.
Ein Wolf machte die Gegend um Gubbio, nahe Assisi unsicher. Man wollte das Tier erschießen, die Stadttore blieben geschlossen. Nur einer traute sich in den Wald und näherte sich dem Wolf mit freundlichen Worten. Das Tier wurde zutraulich und lebte noch zwei Jahre von den Zuwendungen der Menschen.

Der Gutmensch Francesco

Nach 1212 ging Francesco auf Reisen. Das gelobte Land sollte er dieses Mal wegen Schiffbruch nicht erreichen, aber von Dalmatien bis **Santiago de Compostela** verbreitete er seine gütigen Worte. Der Wanderprediger Francesco muss unglaubliche Sprachgewalt und Charisma gehabt haben. Armut wurde zur Bewegung, die um die Welt ging. Auch jenseits der Alpen wurden immer mehr Franziskanerklöster gegründet, um sich der Armenpflege, Seelsorge und Predigt zu widmen. Es gab damals keine Altenheime, keine Sozialversicherung, keine staatlichen Hilfen für Bedürftige. Die Not organisiert zu lindern, war eine ungeheure Kulturleistung.

Kathedrale von Santiago de Compostela

Aus der Schöpfung schöpfen

Sonne, Mond, Tod, der Mensch, die Kreatur, die Pflanzen – Francesco nahm die Schöpfung wörtlich und schuf mit seinem **Sonnengesang** und der **Vogelpredigt** lyrische Denkmäler, die bis heute als Ikonen der Rhetorik gelten und zu den großen glaubensphilosophischen Manifesten gezählt werden. Die Ehrfurcht, heute würde man sagen der Respekt vor den Dingen, lebendig, feinstofflich oder dinglich, brachte Francesco den Ruhm ein, der ihn bis heute begleitet. Er war ein Beobachter und durch die Askese ein besonders einfühlsamer Chronist alles Lebendigen.

Giotto di Bondone (ca. 1266–1337): Francesco predigt zu den Vögeln

Heil und Trost

Im aufstrebenden Italien des 13. Jahrhunderts wurden Geld, Macht und städtisches Leben zu den neuen Idealen. Nicht alle konnten an der neuen Weltordnung teilhaben, soziale Ungerechtigkeit war die Folge. Francesco war eine Art waffenloser und redender Robin Hood. Er machte aus Armut ein Prinzip im Sinne der Bedürfnislosigkeit und sozialen Gerechtigkeit. Gegen adlige Machtansprüche setzte er die Gewaltfreiheit Jesu ein. Der franziskanische Geist war und ist ein Gegenentwurf zur Geldwirtschaft. Sein Heilsversprechen ist Protest gegen materielles Denken. Denn der Sinn des Lebens war ihm das Seelenheil.

Bronze in der Einsiedelei von Monte Subasio

Prioritäten setzen

Wenn man sich vorstellt, wie schnell heute eine Botschaft in die Welt getragen werden kann, ahnt man, welche Leistung es für Francesco gewesen sein muss, bereits zu Lebzeiten so ungeheuer populär gewesen zu sein. Francesco reiste bis nach Nordafrika, um dort islamische Führer zu überzeugen. Schließlich erreichte er 1219 doch das Heilige Land. Er blieb bis 1220, schwer erkrankt an Malaria und einem Augenleiden. Zurück in Italien war der Orden ohne seinen eigentlichen Schöpfer zerstritten. Francesco zog sich aus der Leitung zurück.

Auch Ideen brauchen Ordnung

Francesco, der nie ein festes Regelwerk für seinen Orden wollte – er sah die Gefahr von Institutionalisierung und Klerikalisierung – plante nach den Wirrungen seiner beiden bisherigen Glaubensgemeinschaften einen „Dritten Orden“. Obwohl er nur nach dem Satz des Matthäus-Evangelium handeln wollte, der da lautet „Willst du vollkommen

sein, so geh hin, verkaufe, was du hast, und gib es den Armen“, sah er die Notwendigkeit, seiner Gemeinschaft eine Ordnung zu geben. 1223 wurde von Papst Honorius III. die Ordnung für den Franziskaner Orden bestätigt. Francesco selbst musste einsehen, dass eine Gruppe nicht allein durch einen gemeinsamen Willen funktionieren kann.

Der Tierschützer

Er sprach mit den Vögeln und zähmte die Wölfe. Als Francesco am Weihnachtstag im Jahre 1223 in einer Grotte die Geburt Jesu nachstellte und dazu lebende Tiere, Ochs und Esel, neben einer strohgefüllten Krippe zeigte, hat er nicht nur Gottes Wort begreifbar gemacht für die gläubigen Zuhörer, sondern auch die Tiere in den Mittelpunkt seines Wirkens gestellt. Tierschutz, ein unbekanntes Wort im Mittelalter, hat so einen frühen Paten bekommen.

Der mit den Tieren sprach:
Die Sorge um das Wohl der Tiere ist bis heute mit seinem Namen verbunden

Stigmatisation

Eines der mystischsten Zeichen sind die Wundmale Christi, die in seltenen Fällen bei sehr gläubigen Menschen auftreten. Francesco gilt als Urvater der Stigmatisation. Nach langem Fasten und schwerer Krankheit zeigten sich bei ihm am 17. September 1224 Kreuzigungsmale. Heute weiß man, dass große psychische Anstrengung solche „Wunder“ hervorrufen kann. Bei aller Skepsis solchen Erscheinungen gegenüber kann man davon ausgehen, dass Francesco mit mentalen Kräften gesegnet war, die nicht nur seine Zuhörer fesselten, sondern ihn selbst in entrückte Zustände versetzten. Er wurde im wahrsten Sinne des Wortes eins mit seinen Botschaften.

Der Naturfreund

In einer Grotte stand das Bett des Asketen. Die permanente Feuchtigkeit setzte Francescos Gesundheit zu, doch das Rauschen des Wassers versetzte ihn in eine Trance, die er spirituell nutzte. Manchmal müssen Entbehrungen sein, auf dem Weg zur Erkenntnis.

Sasso Spicco in Verna – in dieser Grotte stand das Bett Francescos

Über den Tod hinaus

Entbehrungsreiches Leben, Askese, die vielen Reisen, Aufopferung, die Malariaanfälle und die nie kurierte Augenkrankheit schwächten den erst 45-Jährigen so sehr, dass er sich in seine erste Klause **Portiuncula** zurückzog. Selbst den Tod erlebte er als Purist, nackt am Boden liegend. Seine Gefolgsleute sangen, bis er starb. In der Stille nach dem letzten Atemzug sollen die Lerchen angefangen haben zu singen. Heute weiß man, dass Tiere nicht nur schwere Krankheiten erspüren können, sondern auch im Zeitpunkt des Todes auffällige Reaktionen zeigen. Bis über den Tod hinaus hat Francesco so den Mythos des Tierverstehers genährt.

Giotto di Bondone (ca. 1266–1337): Das Begräbnis des Franziskus

Das Franziskanerkloster La Verna bei Assisi

Der Grüne

Natur und Mensch, Tier und Mensch, Glaube und Kirche – Francesco hat mit seiner Armutsbewegung die Kirche vermenschlicht und den Glauben mit ganz realen Dingen unterfüttert. Naturmythen band er in gläubige Herzlichkeit ein, Respekt vor der Kreatur war ihm ein zutiefst gläubiger Ansatz. Helfen eine Weltanschauung. Er war ein Grüner, ein Ökologe, ein Pazifist und Dichter. Bis heute fasziniert dieser vielschichtige Mensch mit seiner aktiv gelebten Nächstenliebe. Seine Impulse von vor rund 800 Jahren sind heute verankert in Sozialstaaten, in der Friedensbewegung, im Tierschutz und in einer wiederkehrenden, immer neuen Romantisierung der Natur.

Einer wie du und ich

Auch für Mönche, die im buddhistischen oder hinduistischen Sinne wirken, war und ist Francesco ein Vorbild. Und er ist, neben dem heiligen Nikolaus von Myra, vielleicht der Heilige, der für Kinder am besten zu begreifen ist. Ein Tierliebhaber und herzlicher, immer freundlicher Helfer. Obwohl er vielen als wunderlich galt, lange als Außenseiter angesehen wurde und tatsächlich in keine damalige Norm passte, muss er den Ton getroffen haben. Die einfachen Leute konnten seine Worte verstehen. Hochlatein, das in den Kirchen gepredigt wurde, war fremd und unnahbar. Er war ein Übersetzer für das Volk, heute würde man sagen, er begegnete ihm auf Augenhöhe.

Ein Wald mit Steineichen, oberhalb von Assisi bei der Einsiedelei Eremo delle Carceri

Text für die Ewigkeit

Ein Jahr vor seinem Tod dichtete Francesco in der Kirche **San Damiano**, dem Kloster der Klarissinnen, seinen *Sonnengesang*. Der Text zählt zur Weltliteratur, weil er künstlerisch und inhaltlich von herausragender Qualität ist. Die Hymne auf die Schöpfung Gottes enthält neben der Anleitung zur Demut, auch die Aufforderung, sich mit Krankheit und Tod auseinanderzusetzen und sie im Alltag würdig zu integrieren. Der Gesang brachte Francesco den Beinamen **Troubadour von Assisi**. Francesco hatte nicht nur einen revolutionär neuen Denkansatz, sondern auch die Gabe, seine Ideen zeitlos zu verpacken. Bereits zwei Jahre nach seinem Tod wurde der berühmte Umdenker heilig gesprochen. An seiner Strahlkraft schien schon damals niemand zu zweifeln. Er war ein Weltveränderer mit den friedlichsten Mitteln.

Weisheiten Francescos

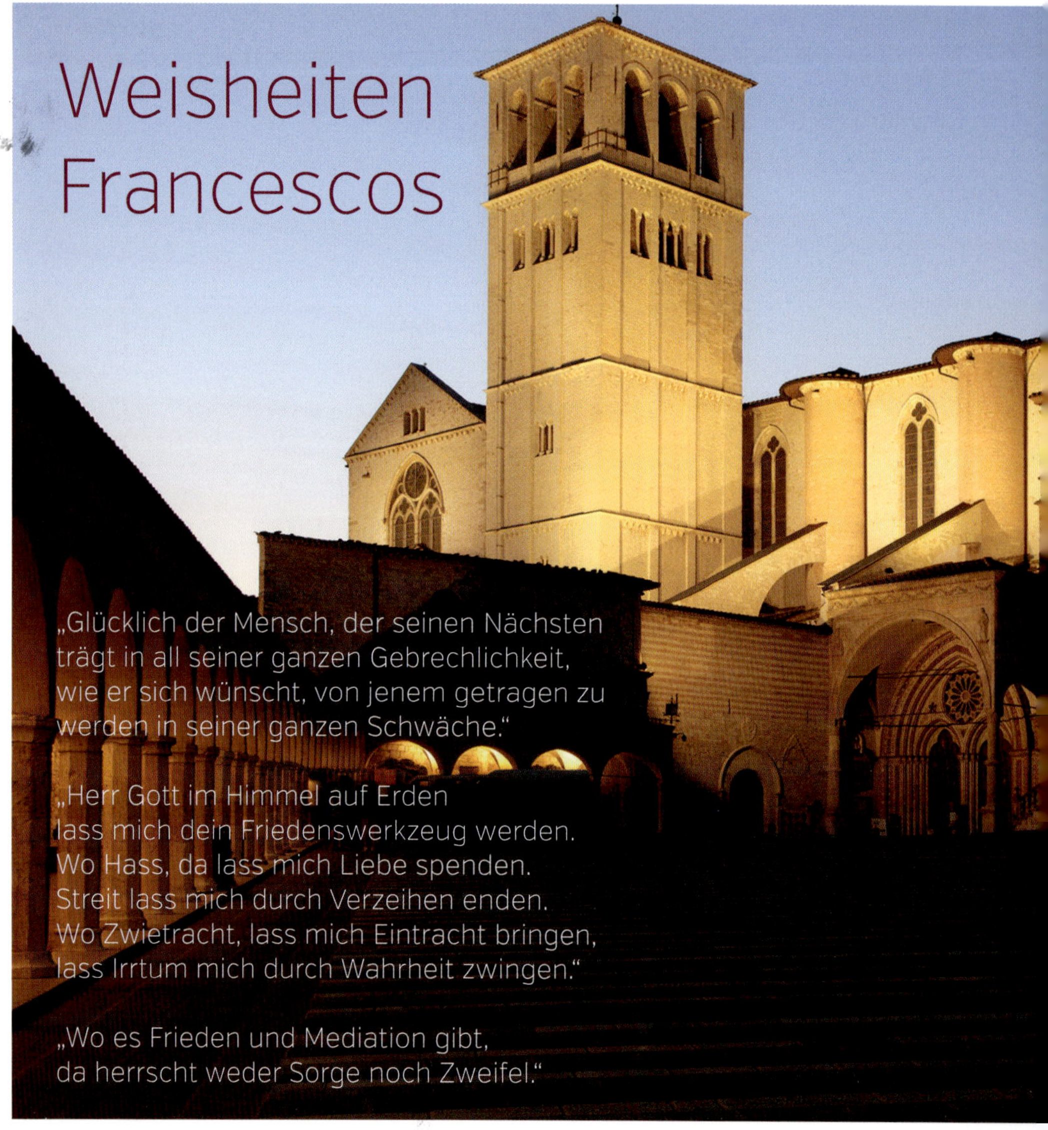

„Glücklich der Mensch, der seinen Nächsten trägt in all seiner ganzen Gebrechlichkeit, wie er sich wünscht, von jenem getragen zu werden in seiner ganzen Schwäche."

„Herr Gott im Himmel auf Erden
lass mich dein Friedenswerkzeug werden.
Wo Hass, da lass mich Liebe spenden.
Streit lass mich durch Verzeihen enden.
Wo Zwietracht, lass mich Eintracht bringen,
lass Irrtum mich durch Wahrheit zwingen."

„Wo es Frieden und Mediation gibt,
da herrscht weder Sorge noch Zweifel."

Konzept: Christine Paxmann, München
Gestaltung: Christine Paxmann text • konzept • grafik, München.

Gedruckt auf chlorfrei gebleichtem Papier.
Magdalenen-Verlag C. Kopp OHG, Holzkirchen 2014.

www.magdalenen-verlag.de

Bildnachweis
Bridgemanart: Bild 2, 9, 16
Fotolia: Bild 3, 8, 14, 20
iStockphoto: Bild 6, 7, 11, 12, 13
Look: Titelbild, Bild 1, 4, 5, 10, 15, 17, 18, 19

ISBN 978-3-95748-017-0